Estudio Bíblico

Libro de Rut

Rut: La Providencia de Dios en Tiempos Difíciles (Tomo I)
© 2022 por BDE Publishing, P.O. Box 501, Pomona, NJ 08240

Imagen de Portada y Diseño por Damarys Hernández, Ph.D.

Este manual de estudio le pertenece a:

Elementos Básicos Para Una Buena Exégesis

I. **Introducción**
   A. Comience en oración para que Dios le ayude a interpretar Su Palabra adecuadamente.

II. **Materiales**
   A. Busque únicamente Biblias de versiones de equivalencia dinámica y/o literales.
   B. Use Comentarios Bíblicos, Concordancia, Diccionario Bíblico, Diccionario de Idiomas (Hebreo/Griego), etc.

III. **Análisis Histórico**
   A. Averigüe el ámbito político, social y cultural.
   B. Investigue la arqueología, las costumbres y la geografía.
   C. Anote el carácter de los personajes Bíblicos.

IV. **Análisis Literario**
   A. Apunte si el pasaje bíblico es prescriptivo o descriptivo.
   B. Estudie los verbos.
   C. Indague el texto palabra por palabra, línea por línea, y párrafo por párrafo dentro de la perícopa, dentro de su capítulo, y dentro del libro.
   D. Identifique el género (Apocalíptico, Epístolas, Evangelios, Histórico, Parábola, Poesía, Profecía, Sabiduría, etc.).

V. **Análisis Gramático**
   A. Registre el tipo de texto (alegórico, figurativo, descriptivo, etc.).
   B. Análisis Morfológico - ¿Cómo está estructurado la(s) palabra(s)?
   C. Análisis Sintáctico - ¿Cuál es la función de la(s) palabra(s) en relación con la oración?
   D. Análisis Semántico - ¿Cuál es el significado de la(s) palabra(s)?

VI. **Análisis Teológico** ***El Evangelio es identificado cuando menciona que el hombre es pecador, que Cristo murió una muerte expiatoria por los pecadores, y la resurrección corporal de Jesucristo vindicando el perdón de los pecados.
   A. Hágase preguntas tales como:
      1. ¿Qué dice acerca de Dios?
      2. ¿Qué doctrina enseña?
      3. ¿Dónde está el Evangelio identificado dentro del texto?

VII. **Aplicación**
   A. ¿Qué relevancia tiene con la iglesia y/o nuestras vidas?

CONTENIDO

Introducción

INTRODUCCIÓN

¿Ha usted estado en una situación en su vida que todo lo que le rodea se ve tan abrumador, se ha sentido sola, y sin esperanza? Quizás ha perdido a un ser querido por alguna enfermedad o alguna tragedia. A lo mejor ha perdido su trabajo y no sabe como vendrá el sustento diario de su hogar. Posiblemente pensó que su religión le iba dar soluciones y finalmente descubre que sus creencias son falsas. En la biblia encontramos a una mujer extranjera que pasó por algo similar. Dios la tocó y proveyó para su vida. Hablamos nada mas y nada menos de Rut, la moabita. Veamos la historia de esta gran mujer, una mujer que creció y se educó en las tierras de Moab. Casada con un hebreo y posteriormente enviúdese. Luego se casa con otro israelita de nombre de Booz, y se convierte en la bisabuela del futuro rey David.

El libro de Rut introduce a los personajes y nos invita a identificarnos con sus vidas durante los tiempos difíciles. Podemos comprender la inquietud que estaban pasando durante la crisis económica, la desesperación de tener hambre y no encontrar alimento ni sustento, el dolor por la perdida de seres queridos, la ansiedad de tomar decisiones importantes que impactarían el rumbo de sus vidas, la soledad y el agobio en no tener respuestas rápidas. Podemos, al igual a Noemí, quitar la mirada de los problemas y poner la confianza en la Providencia de Dios. Él redime y provee el camino para estar llenos y no vacíos.

Este estudio bíblico exegético profundizará capítulo por capítulo; también, en las áreas del contexto histórico, literario, gramatical, teológico, y la aplicación para nuestras vidas.

Versos Importantes

Origen de los moabitas:
- Génesis 19:30-38

Prohibición de matrimonios mixtos:
- Deuteronomio 7:3

Bendiciones/Maldiciones:
- Deuteronomio 11:13-17 (Obediencia/Bendiciones)
- Deuteronomio 28:15-68 (Desobediencia/Maldiciones)
- Levítico 26:14-46 (Desobediencia/Maldiciones)

Ley de levirato:
- Deuteronomio 25:5-10
  - Ejemplo: Génesis 38:6-26 (Historia de Judá y Tamar)
  - Levítico 25:25-28 (compra y venta de propiedad)

Ley "redención de la tierra":
- Deuteronomio 24:19-22
- Levítico 19:9-10

Las fiestas judías:
- Deuteronomio 16:1-17 (Guardar el mes de Abib)
- Éxodo 34:18-26 (Guardar la fiesta de los panes sin levadura)
- Éxodo 23:14-16 (Se celebra tres fiestas importantes)
  - la fiesta de los panes sin levadura
  - la fiesta de la siega
  - la fiesta de la cosecha

La genealogía:
- Mateo 1:2-6 (Abram – David)

Contexto Histórico

Contexto Histórico

1 ¿Durante que periodo en la historia se encuentra el libro de Rut?

2. ¿Cuál es el periodo cíclico de los Jueces?

3. ¿Cuántos ciclos hay en el libro de los Jueces?

4. Dentro de los ciclos de los Jueces, ¿dónde posiblemente se encuentra el libro de Rut? ¿Qué cita bíblica representa este periodo?

5. ¿Cuáles son los cuatro elementos primordiales para entender completamente el propósito del mensaje de la obra de Rut? Cite el pasaje bíblico para cada respuesta. (Una pista: El origen de algo, dos leyes hebreas y una prohibición de algo.)

6. De acuerdo con Deuteronomio 23:3, se prohibe que los moabitas entren al templo de Dios, ¿por qué entonces Rut es aceptada y bendecida en Belén según Rut 4:11-13?

Contexto Histórico

7. En el libro de Rut, ¿qué dos costumbres hebreas cesaron después que la obra fue publicada?

8. La arqueología explica porque Booz instruyó a Rut que pasara la noche con él en la era. ¿A qué se debe esto? (Hay una pista en Rut 3:6, 15 y 4:1).

9. En el capítulo 4, Booz se sentó a la puerta. En la arqueología, históricamente la puerta tenía una función primordial, ¿cuál era su importancia?

10. ¿Qué otras actividades eran comunes en la puerta de la ciudad?

Mapas

Mapa entre Belén a Moab

Región de Belén a Moab.

Ruta del Norte

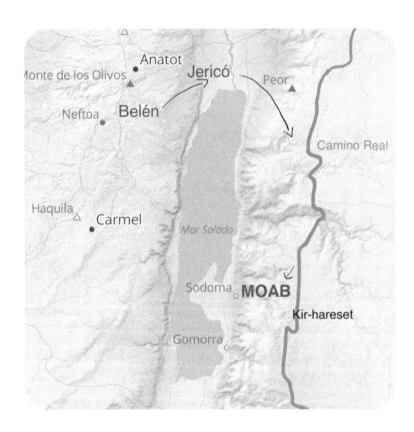

Elimelec tomó la ruta norte con su familia.

Ruta del Sur

Noemí tomó la ruta sur con Rut.

Contexto Cultural

CONTEXTO CULTURAL
(Importancia De Los Nombres Hebreos)

En el Contexto Cultural, hay que entender la importancia de los nombres hebreos. Los nombres eran dados para que fuesen un elemento esencial de la personalidad del individuo. Una persona sin nombre era igual a una persona insignificante o despreciable. El nombre revelaba el personaje en relación con Dios. Investigue los significados de los nombres de los personajes bíblicos: Use un diccionario bíblico para contestar.

1. Elimelec –

2. Mahlón –

3. Quelión –

4. Noemí –

5. Mara –

6. Booz –

7. Belén –

8. Judá –

9. Efrata –

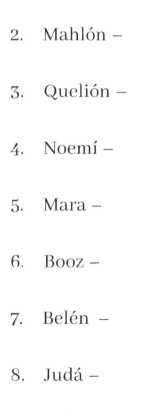

10. *Fulano –

Contexto Cultural

1. ¿Cuál es el origen de los moabitas?

2. ¿Qué libro nos ayuda entender las relaciones sociales entre los israelitas y los moabitas? (Una pista: El libro que da las leyes mosaicas por segunda vez.) Mencione algunas citas bíblicas.

3. ¿Dónde dice en la Biblia que los hebreos estaban prohibido aliarse mediante matrimonio con los habitantes idólatras?

4. ¿Dónde dice en la Biblia que los israelitas fueron a los sacrificios que le hacían a los dioses de los moabitas y se postraron ante ellos?

5. ¿Por qué posiblemente en Rut 1 los israelitas estaban pasando por una hambruna? Lea Deuteronomio 8:11-20 para tener una pista.

6. ¿Qué significaba ser viuda en la cultura hebrea?

7. ¿Cómo se llama la ley de Deuteronomio 25:5-10? ¿Qué derecho tenía una viuda hebrea si el cuñado no quería cumplir?

8. De acuerdo con la ley de Deuteronomio 25:6, ¿el primogénito de Rut (Obed) llevaría el nombre de Booz o Mahlón?

9. Rut 4:17 dice, "Le ha nacido un hijo a Noemí." ¿A qué se refiere esta expresión? ¿Qué significa el nombre de Obed? ¿Por qué posiblemente nombraron al niño Obed?

10. ¿Qué fiestas se celebran durante la siega de la cebada y el trigo en Rut 1:22; 2:23?

Capítulo 1

Resumen del Capítulo 1

Capítulo 1: Noemí y Rut se trasladan de Moab a Belén

Elimelec toma a su familia y se muda a los campos de Moab ya que Belén estaba pasando por una hambruna. Elimelec muere y sus dos hijos, Mahlón y Quelión, se casan con mujeres moabitas. Después, ambos hijos mueren y la esposa de Elimelec, Noemí, se queda viuda y sin hijos. Noemí decide regresar a Belén y le dice a sus nueras, Orfa y Rut, que regresen a sus casas con sus padres. Orfa regresa mientras que Rut acompaña a Noemí de regreso a Belén. Ambas son bienvenidas en Belén.

1. El capítulo comienza con un hombre nativo de Belén de Judá. Investigue un poco más de este personaje.

    a. ¿Quién es Elimelec?

    b. ¿Qué significa su nombre?

    c. ¿Cómo es su carácter?

Apuntes Adicionales

2. Hay un problema que la familia de Elimelec estaba pasando en Belén de Judá. Lea Rut 1:1; Jueces 2:10-12; Levítico 26:3-9; 26:14-20.

a. ¿Cuál era el problema inicial que la familia tenía que resolver?

b. ¿Por qué posiblemente estaban pasando por este problema?

Apuntes Adicionales

3. Análisis basado en el versículo 1...

   a. ¿En qué época estaba viviendo la familia de Elimelec?

   b. ¿Qué pasaba durante esta época bíblica?

Apuntes Adicionales

4. Análisis basado en el versículo 2...

    a. ¿A dónde se muda la familia de Elimelec?

    b. Investigue: ¿Qué significaba mudarse para ese lugar?

Apuntes Adicionales

5. Análisis basado en los versículos 3 - 5...

   a. Algunos teólogos piensan que los sucesos del libro de Rut fue durante la época de Jueces 3:12-30. Si fuese así, ¿cuál fue probablemente la causa de la muerte de Mahlón y Quelión?

   b. ¿Cuántos años vivieron la familia de Elimelec fuera de Belén de Judá?

   c. ¿Cuáles eran las consecuencias de ser viuda y sin hijos en esa época?

6. Análisis basado en los versículos 3 - 5...

a. ¿Qué decisión tomó Elimelec sobre el problema que la familia estaba enfrentando?

b. ¿Era la decisión de Elimelec correcta o no? ¿Por qué? Respalde sus respuestas con fundamento bíblico.

c. Enumere las consecuencias de la decisión de Elimelec.

7. Investigue sobre el personaje de Noemí en referencia a su vida personal, su matrimonio, su carácter, etc.

a. ¿Quién es Noemí?

b. ¿Qué significa su nombre?

c. ¿Cómo es su carácter?

d. ¿Qué hizo Noemí respecto a la decisión de su marido?

7. Conociendo a Noemí....(cont.)

e. ¿Era la decisión de Noemí correcta o no? ¿Por qué? Valide sus respuestas con versículos bíblicos.

f. ¿Cuál fue la actitud de Noemí con sus nueras en los versículos 8 y 11-13?

g. ¿Cuál es la creencia de Noemí para reaccionar de esta manera en los versículos 11-13?

h. Según el verso 20, ¿Qué significa el nombre de Mara? ¿Por qué ella se siente de esta forma?

Capítulo 1

8. Reacción de Rut y Orfa...

a. ¿Qué significan los nombres de Rut y Orfa?

b. Según los versículos 9 – 10, 14, 16 y 17, ¿Cómo reaccionaron las nueras?

c. ¿Qué decisión tomaron las nueras de Noemí de acuerdo con su pedido?

d. ¿Cuál sería el versículo clave basado en la decisión de Rut?

9. Comprendiendo la estación del año... Lea Rut 1:22. Investigue lo siguiente:

a. ¿Cuándo es el comienzo de la siega de la cebada?

b. ¿Cuánto tiempo dura la estación de siega de la cebada en Belén?

10. Identifique una de las fiestas durante este tiempo de la siega de la cebada.

Calendario Judío

Capítulo 2

Resumen del Capítulo 2

Capítulo 2: Rut Reconoce a Booz en el Campo

El capítulo 2 está lleno de esperanza para la familia que pasó por tanto dolor. Rut va a recoger espigas al campo en Belén y encuentra favor con el propietario del terreno. Booz se interesa por Rut y la bendice. Además, él trata a Rut muy bien y le da alimento. Rut trabaja fuerte y le da sustento a su suegra, Noemí. Noemí se alegra y comienza a tener esperanza nuevamente.

1 . Investigue un poco más del siguiente personaje.

   a. ¿Quién es Booz?

   b. ¿Qué significa su nombre?

   c. ¿Quiénes son los padres de Booz? (Lea Mateo 1:5)

   d. ¿Qué función tenía Booz en la sociedad?

   e. ¿Cómo es su carácter?

2. Según los versículos 2 y 3, ¿Qué le pide Rut a Noemí al llegar a Belén?

    a. ¿Cómo responde Noemí?

    b. ¿Crees que fue por casualidad que Rut fuera al campo de Booz? ¿Si o no y por qué?

3. Según versículo 10, Rut expresa que ella es extranjera, específicamente una moabita. Lea Deuteronomio 23:1- 8; Números 25:1-3; Isaías 15-16; Jeremías 48.

a. ¿Qué significaba ser una moabita en Belén?

b. ¿Qué significaba que una extranjera trabajara en Belén?

4. En los versículos 11-16, Booz fue notificado sobre Rut y reaccionó de cierto modo.

   a. ¿Qué había escuchado Booz de Rut?

   b. ¿Qué Booz les ordenó a sus criados?

   c. ¿Cómo obró Booz hacia Rut?

5. Lea Deuteronomio 24:19-21. ¿Cuáles son las costumbres hebreas de recoger espigas?

Capítulo 2

6. Lea Rut 2:20, 22...

a. ¿Cómo cambió la actitud de Noemí al enterarse de lo que había hecho Booz?

b. ¿Por qué Noemí reaccionó de esa manera? Lea Deuteronomio 25:5-10 para tener una pista.

7. Según Rut 2:9 y 2:22, ¿Se hallaba Rut en peligro de que la molestaran, ofendieran o maltrataran en los campos de Belén? Valide sus respuestas.

8. Compare el lapso del tiempo entre Rut 1:22 y Rut 2:23. Para contestar, vea el calendario judío e investigue cuándo comienza la cosecha de la cebada y del trigo.

a. ¿En qué estación del año se llevó a cabo este relato?

b. ¿Cuáles son los meses de este tiempo?

Capítulo 3

Resumen del Capítulo 3

Capítulo 3: Rut habla con Booz

En el capítulo 3, Noemí comienza con una inquietud. Ella sabe que la temporada de la cebada y el trigo está por finalizar. Por fin, Noemí podría poner en venta sus terrenos. Noemí quiere aprovechar esta oportunidad para que su pariente redentor pueda adquirir sus terrenos y cumplir con su rol de redimir a la familia.

Como Noemí está avanzada en edad, ella piensa que Rut sería la candidata perfecta. Noemí planifica estratégicamente que Rut debe hacer para que ambas sean redimidas. Noemí le da unas instrucciones específicas a Rut para que todo esto se lleve acabo.

Rut toma sus consejos y se quita sus vestidos de viuda. Ella se viste de novia y va al encuentro de su redentor. Rut se acuesta a los pies de Booz y le pide que la redima. Booz reconoce su responsabilidad como pariente redentor y provee para ella y su familia.

1. Booz era pariente de la familia de Noemí. Lea Deuteronomio 25:5-10.

    a. ¿Cuál era la costumbre hebrea si hay una viuda en la familia?

    b. ¿Cuál era la responsabilidad del pariente redentor?

2. Noemí instruye a Rut cómo solicitar a Booz que ejecute sus responsabilidades como su goél.

a. ¿Qué cuatro (4) cosas le instruyó Noemí a Rut que hiciera esa noche?

b. ¿Cómo se compara con un cristiano redimido por Cristo?

3. Según el versículo 4, Noemí le dice a Rut, "el te dirá lo que hayas de hacer." Lea Levítico 25:25.

   a. ¿Qué da a entender Noemí con esa aseveración?

4. En el versículo 8, Rut se acostó a los pies de Booz.

a. ¿Qué significaba "acostarse a los pies"?

b. Según Rut 3:9, ¿Qué significaba que Rut le pidiera a Booz que "extendiera su capa sobre ella"? Busque versículos que representen su significado.

5. Una viuda tenía el derecho de buscar a su cuñado y reclamarle en público, al frente de los ancianos del pueblo, que tome su rol como pariente redentor. Sin embargo, Rut tomó una actitud diferente.

a. ¿Qué significa Rut 3:10, "has hecho mejor tu postrera bondad que la primera"?

Capítulo 3

6. Según Rut 3:11, Booz comenta algo importante.

   a. ¿Qué opinión tenía Booz de Rut?

   b. ¿Qué pensaba el pueblo de Rut?

   c. Según versículo 14, ¿Por qué Booz dijo, "que no se sepa que vino mujer a la era"?

7. En los versículos 15 y 17, Booz le dijo a Rut que se quitara el manto para darle seis medidas de cebada para no llegar a donde su suegra con las manos vacías.

    a. ¿Por qué Booz hizo esto?

    b. ¿Cuál era su intención con este acto?

    c. Investigue cuánto sería la cantidad equivalente de seis medidas de cebada hoy día.

Capítulo 4

Resumen del Capítulo 4

Capítulo 4: Booz redime a Rut; Genealogía

En el capítulo 4, se finaliza la obra. Booz llama a juicio al pariente más cercano. Fulano rehusa cumplir con sus obligaciones. Booz compra la propiedad de Noemí y se casa con Rut. Rut se convierte en la madre de Obed y bisabuela del rey David. Noemí toma a su nieto, Obed, y se siente feliz que el nombre de la familia tenga descendencia. El capítulo termina con la genealogía desde Fares hasta David; estas son 10 generaciones.

Capítulo 4: Booz redime a Rut; Genealogía

1. Según Rut 4:1, "Booz subió a la puerta y se sentó allí."

   a. Según versículo 1, ¿cuál es el significado de "la puerta"?

   b. ¿Y con qué propósito Booz subió a la puerta y se sentó?

   c. Investigue más detalles sobre "la puerta" de la ciudad. ¿Qué pudo investigar?

2. Profundice: Según versículo 1, ¿Por qué piensa que el pariente más cercano no fue mencionado por su nombre?

3. Profundice: Según versículo 2, ¿Por qué Booz tomó a diez varones de los ancianos de la ciudad?

4. Lea Levíticos 25:23-28 para entender el trasfondo de Rut 4:4.

a. Según Rut 4:4, ¿Qué significa "que la compres" en la presencia de los que están aquí sentados?

b. Según Rut 4:4, el pariente más cercano acepta redimir la tierra. Sin embargo, Fulano se arrepiente en el versículo 5. ¿De qué manera mostró sabiduría Booz al ocuparse de los asuntos de la herencia?

Capítulo 4

5. Rut 4:8 se menciona "el zapato".

a. ¿Qué significaba quitarse el zapato?

b. ¿Cuáles eran las implicaciones de quitarse el zapato?

6. Según Rut 4:9-11, todos que acompañaban a los ancianos en el pueblo fueron testigos y ellos bendijeron diciendo, "Jehová haga a la mujer que entra en tu casa como a Raquel y a Lea, las cuales edificaron la casa de Israel..." Lea Génesis 30:1-24.

    a. ¿Qué significaba "como a Raquel y a Lea"?

    b. ¿Quiénes eran Raquel y Lea y porque mencionarlas?

7. Rut 4:12 menciona "la casa de Fares". Para tener un trasfondo, lea Génesis 38:1-30; Génesis 46:12; Números 26:20-22; 1 Crónicas 2:4; Mateo 1:3.

a. ¿Quiénes son de "la casa de Fares"?

b. ¿Por qué crees que "la casa de Fares" es mencionado en Rut 4:12?

c. ¿Cuál es su importancia?

Contexto Literario

Contexto Literario

1.En Rut 1:1, Elimelec se va de Belén para buscar alimento en otro lugar. ¿Qué significa la palabra Belén y qué estaba pasando en ese lugar?

2. Después en Rut 1:6 dice, "Jehová había visitado a su pueblo para darles pan" (RV60). Identifique el juego de palabras. Analice y medite que quería decir el autor con este *juego de palabras* en el ámbito espiritual. ¿Cuales fueron las consecuencias de buscar alimento en otro lugar?

3. *La repetición de palabras* es significativo ya que esta dejándole saber al lector su importancia.

  a. ¿Cuáles son las palabras más repetidas en el libro de Rut?

  b. ¿Por qué tanta repetición?

  c. ¿Qué quiere el autor dejarles saber al lector?

Contexto Literario

4. El libro de Rut es *altamente estructurado y simétrico*. Podemos identificar esta estructura en Rut 4:6. Veamos este ejemplo.

> A No puedo redimir para mí,
> A no sea que dañe mi heredad.
> B Redime tú, usando de mi derecho,
> B porque yo no podré redimir.

¿Cómo se llama la técnica literaria en la que las palabras o los conceptos se acomodan según un patrón simétrico?

5. El autor demuestra tener familiaridad con la tradición legal de Israel sin referirse directamente a la ley. Lean Levíticos 19:9–10; 23:22; 25:25 y Deuteronomio 24:17–22; 25:5-10.

a. Busque en el libro de Rut los pasajes relacionados a estas leyes. Enumere sus contestaciones.

b. Escriba los versículos bíblicos dentro del libro de Rut que correspondientes a las leyes mosaicas.

Contexto Gramático

Contexto Gramático

1.El texto hebreo del libro de Rut empieza con una pequeña conjunción, omitida por la mayoría de las traducciones actuales, que podría traducirse como "y" o como "ahora": "Ahora aconteció que..." ¿Qué podría significar esto gramaticalmente?

2. ¿Qué quiere decir el autor cuando usa la palabra "aconteció"?

3. ¿Qué otra frase se repite e indica que tiene que ver con la función de señalar discretamente la Providencia de Dios en vez de mera coincidencia? Enumere los versos encontrados en el libro de Rut.

Contexto Teológico

Contexto Teológico

1.Analicemos la fidelidad y la provisión de Dios dentro del libro de Rut.

   a. ¿En qué aspectos ilustra la historia de Rut la fidelidad de Dios?

   b. ¿Qué ilustraciones específicas de la provisión de Dios puede observar entro del libro de Rut?

Contexto Teológico

2. ¿Cuáles son las implicaciones al Noemí pedirle a la gente de Belén que la llamen Mara? Provea una cita bíblica para justificar este acto.

3. ¿Cuál es la ironía del nombre de Elimelec?

4. ¿Cuáles son las mujeres incluidas en la genealogía de Jesucristo mencionadas en Mateo 1:3-6?

5. Aparte de estas mujeres mencionadas en la pregunta 4, ¿quiénes fueron también importantes en el plan redentor de Dios? Enumere las mujeres de importancia en la Biblia.

Contexto Teológico

6. Hay muchas provisiones de Dios encontradas en el libro de Rut. Enumere 3 provisiones con sus citas correspondientes:

   a. Eventos meteorológicos naturales:

   b. Eventos casuales:

   c. Eventos biológicos naturales:

7. Define pariente-redentor. Numere las 3 condiciones que nos libera el pariente-redentor.

8. ¿Cuales son las características de un pariente-redentor?

Contexto Teológico

9. Analicemos la redención que tenemos en Jesús.

   a. ¿Cómo fue que la acción de Booz apunta a Jesús como nuestro pariente redentor?

   b. ¿Qué envuelve la redención?

Contexto Teológico

10. Busque el significado de la palabra hebrea "jeséd".

a. ¿Cómo Noemí demostró "jeséd" hacia sus nueras?

b. ¿Cómo Rut demostró "jeséd" hacia su suegra?

c. ¿Cómo Dios demostró "jeséd" hacia la los hebreos y gentiles?

Aplicación

Aplicación

El libro de Rut es una bella novela donde podemos aplicarla a nuestra vida cotidiana. Todos los días tenemos que tomar decisiones que afectará la familia y nuestra vida personal. La mala decisión y desobediencia de Elimelec afectó toda la familia (Deuteronomio 11:28, 28:15; Jeremías 18:10; Salmo 78:10; Tito 1:16). Sin embargo, Noemí tomó su rol de esposa y cumplió con su deber de someterse a su marido (Efesios 5:22; Tito 2:5). En adición, Noemí cumplió con enseñar a sus nueras un buen ejemplo, cumpliendo con Tito 2:4. Rut es convertida y tiene un encuentro personal con Dios. Al final, Dios recompensa a Rut y Noemí por su confianza en el Señor (Rut 4:14-16).

Aplicación

1. ¿Qué podemos aprender de la actitud y acción de Elimelec? Si usted estuviese en los zapatos de Noemí, ¿Cómo usted reaccionaría?

Aplicación

2.Noemí pasó por tiempos difíciles. ¿Qué lecciones puedo usted aprender de esta situación?

Aplicación

3. ¿Cuál fue la actitud de Rut durante tiempos difíciles? ¿Qué usted aprendió sobre sus acciones y carácter?

Aplicación

4. Este libro contiene temas interconectados con las relaciones sociales y/o racismo (hebreos vs. gentiles).

   a. ¿Qué lecciones bíblicas en el libro de Rut nos puede ayudar para mejor este problema social?

   b. Auto-examen: ¿Hay algo que nos impide a mejorar las relaciones con otros?

Aplicación

c. Mateo 6:14-15 menciona que debemos perdonar las ofensas así como Dios nos perdona. ¿Estamos dispuesto a perdonar?

d. ¿Qué acciones debemos tomar para asegurarnos que hemos perdonado como Dios desea?

Aplicación

6. Este libro expresa el amor "jeséd" entre Noemí y su nuera, Rut.

    a. ¿Cómo podemos mejorar nuestra relaciones con otros?

    b. Haga una lista de cosas que podemos hacer para demostrar un amor fraterno hacia otra personas.

EXAMEN

EXAMEN DE PRÁCTICA

¿Qué significa el nombre de Elimelec?

¿Dónde se encuentra la ley de levirato?

¿En dónde se lleva acabo los asuntos legales del pueblo?

¿Cuál era la costumbre hebrea de recoger espigas?

¿Cuáles son las responsabilidades del pariente redentor?

EXAMEN DE PRÁCTICA

¿Cuáles son algunas ironías del libro de Rut?

¿Quién fue el bisnieto de Rut?

¿Cuáles son las consecuencias de la decisión de Elimelec en mudar a su familia a los campos de Moab?

¿Qué pasaba en la época de los jueces durante el periodo que se escribió el libro de Rut?

¿Durante que meses judíos es el periodo de la cosecha de la cebada y del trigo?

Preguntas de Reflexión

Reflexión

Reflexione en el carácter de Booz hacia sus criados (Rut 2:4). ¿Cómo nosotros podemos mejorar las relaciones con otros usando el ejemplo de Booz?

Reflexión

Reflexione en el carácter de Rut y anote sus acciones con los demás. Contraste su carácter con Proverbios 31:10-31.

Reflexión

Noemí demostró amor hacia sus nueras y las trató como si fuera sus propias hijas. Hasta el punto que ninguna de las dos nueras deseaban regresar a sus casas paternal (Rut 1:9). Auto-reflexión: ¿Cómo nuestros hijos se sienten hacia nosotros? ¿Dimos lo mejor de nosotros? ¿Cómo podemos mejorar en esta área?

Reflexión

Reflexione y medite sobre nuestro carácter con los demás. Haga un contraste de nuestro carácter con Proverbios 31:10-31.

Reflexión

Noemí tomó la decisión correcta de regresar a su casa en Belén. ¿Nosotros estamos "en casa" o todavía estamos en tierras ajenas?

Reflexión

El tiempo de los jueces tenía un periodo cíclico.
Se caracterizaba por cuatro etapas.

- Etapa 1 - El Pecado: (Jueces 21:25).
- Etapa 2 - El Castigo: (Proverbios 3:11-12)
- Etapa 3 - El Arrepentimiento: (2 Crónicas 7:14)
- Etapa 4 - La Restauración: (Job 33:26)

¿Con qué etapa usted se identifica?

Reflexión

Rut cambió sus vestidos de luto para un de novia (Rut 3:5). Reflexione y medite sobre nuestro carácter con Dios. ¿Estamos vestida de luto o de novia para nuestro redentor?

Contactos

Contactos

Nombre	Apellido(s)	Correo	Teléfono

Contactos

Nombre	Apellido(s)	Correo	Teléfono

Contactos

Nombre	Apellido(s)	Correo	Teléfono

Contactos

Nombre	Apellido(s)	Correo	Teléfono

Contactos

Nombre	Apellido(s)	Correo	Teléfono

Calendario

2022

Enero

L	M	M	J	V	S	D
					1	2
3	4	5	6	7	8	9
10	11	12	13	14	15	16
17	18	19	20	21	22	23
24	25	26	27	28	29	30
31						

Febrero

L	M	M	J	V	S	D
	1	2	3	4	5	6
7	8	9	10	11	12	13
14	15	16	17	18	19	20
21	22	23	24	25	26	27
28						

Marzo

L	M	M	J	V	S	D
	1	2	3	4	5	6
7	8	9	10	11	12	13
14	15	16	17	18	19	20
21	22	23	24	25	26	27
28	29	30	31			

Abril

L	M	M	J	V	S	D
				1	2	3
4	5	6	7	8	9	10
11	12	13	14	15	16	17
18	19	20	21	22	23	24
25	26	27	28	29	30	

Mayo

L	M	M	J	V	S	D
						1
2	3	4	5	6	7	8
9	10	11	12	13	14	15
16	17	18	19	20	21	22
23	24	25	26	27	28	29
30	31					

Junio

L	M	M	J	V	S	D
		1	2	3	4	5
6	7	8	9	10	11	12
13	14	15	16	17	18	19
20	21	22	23	24	25	26
27	28	29	30			

Julio

L	M	M	J	V	S	D
				1	2	3
4	5	6	7	8	9	10
11	12	13	14	15	16	17
18	19	20	21	22	23	24
25	26	27	28	29	30	31

Agosto

L	M	M	J	V	S	D
1	2	3	4	5	6	7
8	9	10	11	12	13	14
15	16	17	18	19	20	21
22	23	24	25	26	27	28
29	30	31				

Septiembre

L	M	M	J	V	S	D
			1	2	3	4
5	6	7	8	9	10	11
12	13	14	15	16	17	18
19	20	21	22	23	24	25
26	27	28	29	30		

Octubre

L	M	M	J	V	S	D
					1	2
3	4	5	6	7	8	9
10	11	12	13	14	15	16
17	18	19	20	21	22	23
24	25	26	27	28	29	30
31						

Noviembre

L	M	M	J	V	S	D
	1	2	3	4	5	6
7	8	9	10	11	12	13
14	15	16	17	18	19	20
21	22	23	24	25	26	27
28	29	30				

Diciembre

L	M	M	J	V	S	D
			1	2	3	4
5	6	7	8	9	10	11
12	13	14	15	16	17	18
19	20	21	22	23	24	25
26	27	28	29	30	31	

2023

Enero

L	M	M	J	V	S	D
						1
2	3	4	5	6	7	8
9	10	11	12	13	14	15
16	17	18	19	20	21	22
23	24	25	26	27	28	29
30	31					

Febrero

L	M	M	J	V	S	D
		1	2	3	4	5
6	7	8	9	10	11	12
13	14	15	16	17	18	19
20	21	22	23	24	25	26
27	28					

Marzo

L	M	M	J	V	S	D
		1	2	3	4	5
6	7	8	9	10	11	12
13	14	15	16	17	18	19
20	21	22	23	24	25	26
27	28	29	30	31		

Abril

L	M	M	J	V	S	D
					1	2
3	4	5	6	7	8	9
10	11	12	13	14	15	16
17	18	19	20	21	22	23
24	25	26	27	28	29	30

Mayo

L	M	M	J	V	S	D
1	2	3	4	5	6	7
8	9	10	11	12	13	14
15	16	17	18	19	20	21
22	23	24	25	26	27	28
29	30	31				

Junio

L	M	M	J	V	S	D
			1	2	3	4
5	6	7	8	9	10	11
12	13	14	15	16	17	18
19	20	21	22	23	24	25
26	27	28	29	30		

Julio

L	M	M	J	V	S	D
					1	2
3	4	5	6	7	8	9
10	11	12	13	14	15	16
17	18	19	20	21	22	23
24	25	26	27	28	29	30
31						

Agosto

L	M	M	J	V	S	D
	1	2	3	4	5	6
7	8	9	10	11	12	13
14	15	16	17	18	19	20
21	22	23	24	25	26	27
28	29	30	31			

Septiembre

L	M	M	J	V	S	D
				1	2	3
4	5	6	7	8	9	10
11	12	13	14	15	16	17
18	19	20	21	22	23	24
25	26	27	28	29	30	

Octubre

L	M	M	J	V	S	D
						1
2	3	4	5	6	7	8
9	10	11	12	13	14	15
16	17	18	19	20	21	22
23	24	25	26	27	28	29
30	31					

Noviembre

L	M	M	J	V	S	D
		1	2	3	4	5
6	7	8	9	10	11	12
13	14	15	16	17	18	19
20	21	22	23	24	25	26
27	28	29	30			

Diciembre

L	M	M	J	V	S	D
				1	2	3
4	5	6	7	8	9	10
11	12	13	14	15	16	17
18	19	20	21	22	23	24
25	26	27	28	29	30	31

Plan de Salvación

PLAN DE SALVACIÓN

Somos Pecadores:
Romanos 3:23 - "por cuanto todos pecaron, y están destituidos de la gloria de Dios"

Destino del Pecador:
Romanos 6:23 - "Porque la paga del pecado es muerte, mas la dádiva de Dios es vida eterna en Cristo Jesús Señor nuestro"

Regalo de Salvación:
Romanos 5:8 - "Mas Dios muestra su amor para con nosotros, en que siendo aún pecadores, Cristo murió por nosotros"

Confesión:
Romanos 10:9-10 - "que si confesares con tu boca que Jesús es el Señor, y creyeres en tu corazón que Dios le levantó de los muertos, serás salvo. 10 Porque con el corazón se cree para justicia, pero con la boca se confiesa para salvación"

96096418R00077